ترامبلثينسكين والخوخة العملاقة

الطبعة الأولى

ترامبلثينسكين و الساحر بونسبورز© بقلم مارتن ترينور
فن الغلاف من مارتن ترينور © 2021
التصميم الداخلي وتصميم الغلاف © DRPZ.net

جميع الحقوق محفوظة.

هذا الكتاب عمل خيالي. الأسماء والشخصيات والأماكن والحوادث هي من إنتاج خيال المؤلف أو يتم استخدامها بشكل خيالي. أي تشابه مع أحداث فعلية أو أماكن أو أشخاص، أحياء أو موتى، هو مصادفة تمامًا.*

Tiny Hands Press
بصمة DRPZ للنشر
DRPZ.net

*ما عدى ترامبلثينسكين

ترامبلثينسكين والخوخة العملاقة

مارتن ترينور

إهداء

لا يزال مارتن ترينور ممتنًا للغاية لقدرته على الاعتماد على الأجزاء الصغيرة من دماغه الشبيهة بحبات البازلاء التي تنبعث منها كومة يومية من الهراء والتهويل والحماقة والمالاركي المطلقة. قدرته على التفكير المفرط في الحماقات لا تتوقف أبدًا عن إدهاشه.
عندما يجعل منها عملا هذه هي النتيجة.

شكرا لجميع من اشتروا كتب حكايات ترامبلثينسكين، اهتمامكم المستمر يمثل موضع تقدير كبير.

TINY HANDS
PRESS

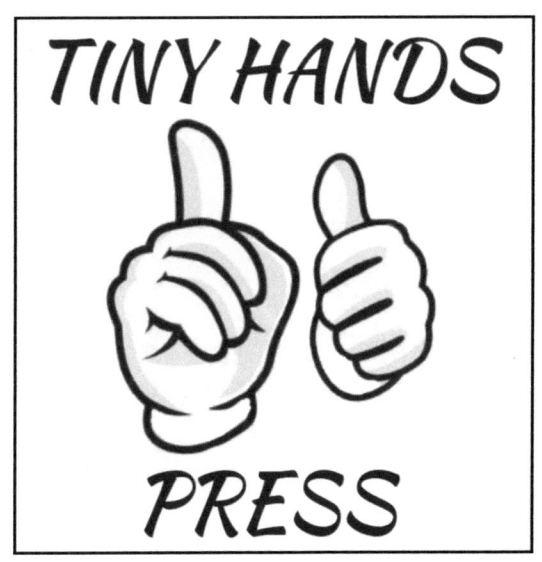

كانت ليلة من أحلك ليالي عالم ترامبلثينسكين، في الغابات المحيطة بمنزل ترامبلثينسكين السميك في مانغي لوجو، كانت الغربان تحوم المكان وكان الفقراء والأجانب يتجولون كما يحلو لهم وكان ترامبلثينسكين يشعر بأي شيء سوى الأمان بينما كان مستلقيا على سريره معانقا بطنه المنتفخ.

في كتابه المفضل، حكايات فيبر فوكس الطويلة، كتب تشاكي دولسون أطول رواية من بين جميع الروايات، حول كيف يحتاج الناس الذين يشبهون ترامبلثينسكين -الذي يمتلك في الواقع العديد من المراحيض الذهبية-إلى أن يكونوا مدركين بوجود الكونجرس وخائفين منهم لأنهم يترصدون إليهم باستمرار من بين الأشجار.

كانت الأكثر خطرا من بينهم هي العملاقة دانسي نانسي التي عاشت في حذاء كبير جدًا إلى جانب كورتنزل صاحبة الشعر المتدفق والمتوهج، الجنية غودوارن والأميرة عمر، كانوا جميعًا نساءًا من الكونجرس ومن النوع الخطير أيضا الذي أخاف ترامبلثينسكين أكثر من أي شيء.

قال تشاكي دولسون أنهم يتداولون أخبارًا مزيفة عن ترامبلثينسكين المسكين، أشياء مثل؛ كيف كان يسلب الجميع من آخر حبة سحرية لهم لشراء المزيد من المراحيض الذهبية والصور الشخصية لتعليقها فوق العدد المتزايد من الأسرة ذات الأربعة أعمدة لديه.

كان ذلك صحيحًا، لكن ترامبلثينسكين لم يرغب في أن يعرف أحد عن ذلك، مما جعله أخبارًا مزيفة -أو كما أسمتها الساحرة الشريرة سكاليان "حقائق بديلة"-لأن الكثير من الناس (الأشخاص الذين أحبوا حقيبة دادي ترامبلثينسكين الكبيرة من الحبات السحرية) قالوا إن ترامبلثينسكين كان أفضل حاكم عرفه العالم على الإطلاق وأن سماسرة البلدة الذين أعلنوا أي شيء غير ذلك لم يكونوا عادلين.

"واه-واه-واه"، بكى ترامبلثينسكين بصوت صاخب.

بكى ترامبلثينسكين كثيرًا في ذلك اليوم، ولكن ليس بقدر ما بكى عندما اكتشف الناس في العوالم الاخرى أنه كان يطلب من عوالم مختلفة معظمها مملكة بوتي بوتس تقديم المساعدات له. كان من المفترض أن تكون هذه المعلومات سرية لكن بعض الناس كانوا سيئين في الحفاظ على الأسرار مثل عندما تسلل إلى سرير ستورميلوكس وقام ميكي الذي كان من المفترض أن يكون محاميه الوفي بسرد القصة كاملة على الجميع.

كان هناك الكثير من الأسرار الأخرى بالطبع، مثل عندما كان يختلس النظر على توم-إيد في مسابقة الملكة ولكن ذلك قصةً أخرى تمامًا، كما هو الحال مع الكثير من الأسرار الآخرين.

على أي حال، كان بايدن الماعز الفض الصديق المقرب لعدو ترامبلثينسكين اللدود، الأمير الوسيم أُباميننغ يجوب المكان مأكّدًا الأخبار المزيفة وهذا ما قاد ترامبلثينسكين إلى الجنون.

"واه -واه -واه"، صرخ وصاح كالعادة.

كان بايدن الماعز الفض يتصرف بوقاحة فأمر ترامبلثينسكين قزمه الأكثر جنونًا وغضبا، جولياني، لتولي الأمر وفعل شيء إزاء هذا الموضوع.

على الرغم من أنه سيكسر أقدم وأهم قاعدة في مئات السنين في أرض ترامبلثينسكين، ذهب جولياني إلى أرض شوغر-راين البعيدة وحذر كازار من شوغر-راين أنه إن لم يشوه سمعة بايدن الماعز الفض لن يسمح له بالاستمتاع بحقيبة دادي ترامبلثينسكين الكبيرة والمليئة بالفاصوليا السحرية.

في هذه المرحلة، يجب الكشف عن أنه منذ البداية، لم تكن الحقيبة الكبيرة المنتفخة بالفاصوليا السحرية تخص دادي ترامبلثينسكين على الإطلاق ولكنها كانت ملكًا لجميع الناس في المملكة، على الرغم من أنهم لم يتمكنوا من رؤية أي من ذلك لأن ترامبلثينسكين أنفقها على لعب الجولف والحصول على الكرات الفخمة مع هينتي بينيتي وشاكي دولسون وجميع الآخرين الذين قدموا له أي شيء يريده طالما لم يكن عليهم مشاركة أي شيء من أكياسهم المنتفخة بالفاصوليا السحرية.

مع ذلك، لم تنجح جهود جولياني. هذا ما جعل سماسرة البلدة يتجولون معلنين أن ترامبلثينسكين قد كسر أهم قاعدة في البلدة وقد كانوا على حق، لكن ترامبلثينسكين كالعادة لم يعجبه ذلك واعتبر الأمر أخبارا مزيفة كالعادة.

"واه -واه -واه"، بكى وتشكي مرة أخرى.

وبينما كان يصرخ ويصيح، وصلت الأخبار المزيفة إلى دانسي نانسي في منزلها في الغابة، كانت غاضبة غضبا شديدا لأن شخصًا ما قد كسر القاعدة وشرعت في زرع خوخة عملاقة واستخدمت كذب وترهات ترامبلثينسكين كسماد طبيعي لإخصاب النبتة.

كما تعلمون كان ترامبلثينسكين يكره الفاكهة وكانت دانسي نانسي تعلم ذلك وفكرت في أنها إذا تمكنت من جعل قطعة الفاكهة الضخمة قريبة بما فيه الكفاية لترامبلثينسكين فإنها ستمتصه الى داخلها وبعد ذلك يمكن تفريق الكيس الكبير المنتفخ بالفاصوليا السحرية (التي كانت ملك الجميع على أي حال) على جميع الناس الطيبين و اللطيفين في بلاد ترامبلثينسكين العجيبة.

عندها لن يتمكن مرة أخرى من سرقة الفاصوليا السحرية من بين العوالم الشعبية أو من الحصول على أفكار غبية، مثل عندما أراد استخدام المكانس لإزالة جميع الأوراق في الغابة أو مثل اغبى فكرة من بين جميع أفكاره وهي وخز علي خفار بصاروخ وجعله غاضبا مثل وكر من الدبابير تماما مثل العديد من الحكام في أراضي الشرق المجنونة.

عندما علم ترامبلثينسكين بخطتها قال: "هذا ليس عادلاً على الإطلاق". "لم أفعل أي شيء خاطئ"، صرخ باكيا. ثم أضاف:

"حسنا ربما أخطأت. لكنني أقول لكم إنني لم أفعل أي شيء، على الرغم من وجود أوراق تحتوي بالتفصيل على ما قلته وفعلته لكن ذلك ليس عادلا وهذا يعني أنني لم أقل أو أفعل أي شيء... حتى لو كان لديك دليل."

على أي حال، كما ترون، كان ترامبلثينسكين مشتّت الذهن قليلاً ووجد معظم العوالم أنه من الصعب تصديق أي شيء أخبرهم به حتى ولو كلمة واحدة.

بالنسبة لشخص بحقارة ترامبلثينسكين، كان جيدًا جدا في قول الأكاذيب، كان جيدًا في قولهم فقط لكنه كان فظيعا في إخفاء الحقيقة وكان دوما يتم اكتشاف أكاذيبه.

ذهبت دانسي نانسي على طول الطريق متدحرجة الخوخة العملاقة نحو منزل ترامبلثينسكين الملقب بالبيت الأبيض الكبير جدا (علما أن اللون الأبيض هو اللون المفضل لترامبلثينسكين).

عندما وصلت أخيرا إلى البوابة الأمامية الكبرى، وجدت هينيتي بينيتي وشاكي دولسون واقفان في طريقها ومن ثم قالوا بانسجام وبصوت واحد: "لا يمكنك إعطاء ترامبلثينسكين هذه الخوخة العملاقة"، كما لو كانوا قد خططوا مسبقا لما سيقولونه.

فردت: " لما لا؟ لقد كسر القاعدة الأكثر أهمية في كل الأرض".

انتصبت على وجوههم ملامح التفكير ثم شرعوا في الحديث بصوت خفيف وتمتموا وتشاوروا مع بعضهم البعض ثم أخيرًا، كما لو كانوا قد توصلوا الى نتيجة رائعة قالوا في انسجام مرة أخرى:

"لأننا لا نوافق على ذلك وهذا كل ما في الأمر."

ومنذ ذلك اليوم بقيت الخوخة العملاقة خارج البيت الأبيض الكبير جدا (اللون الأبيض هو اللون المفضل لدى ترامبلثينسكين) ، مذكرة دائمًا ترامبلثينسكين أنه حطم بالفعل أهم قاعدة في جميع الأراضي ، ولكن لم يكن يهمه ذلك على الإطلاق لأنه - على الرغم من أنه لم يكن لديه غرفة العرش - طالما يمكنهم الاستمرار في غمس أصابعهم المقززة في الأكياس الكبيرة والمنتفخة من الفاصوليا السحرية ، هينيتي بينيتي ، شاكي دولسون وجميع أصدقاء ترامبلثينسكين المزيفين سيقولون أي شيء، في الغالب أكاذيب للتظاهر بأن ترامبلثينسكين كان بالفعل ملك المملكة وأنهم على الأقل ، يمكنهم العيش بسعادة و هناء بعد ذلك.

باستثناء أولئك الذين تم نفيهم إلى أعمق وأظلم زنزانة لأنه تم اكتشافهم وهم ينشرون الأكاذيب عن ترامبلثينسكين.

مثلما عندما قالوا عن تواجده في الفراش مع ستورميلوكس، ادعى ترامبلثينسكين أنه لم يعرفهم أبدًا، على الرغم من أنه كان يعرفهم جيدًا.

لكن ذلك، مرة أخرى -مثل كومة ضخمة من الضغينة والحقد- قصة أخرى تماما.

MAG
MAG
BEANS

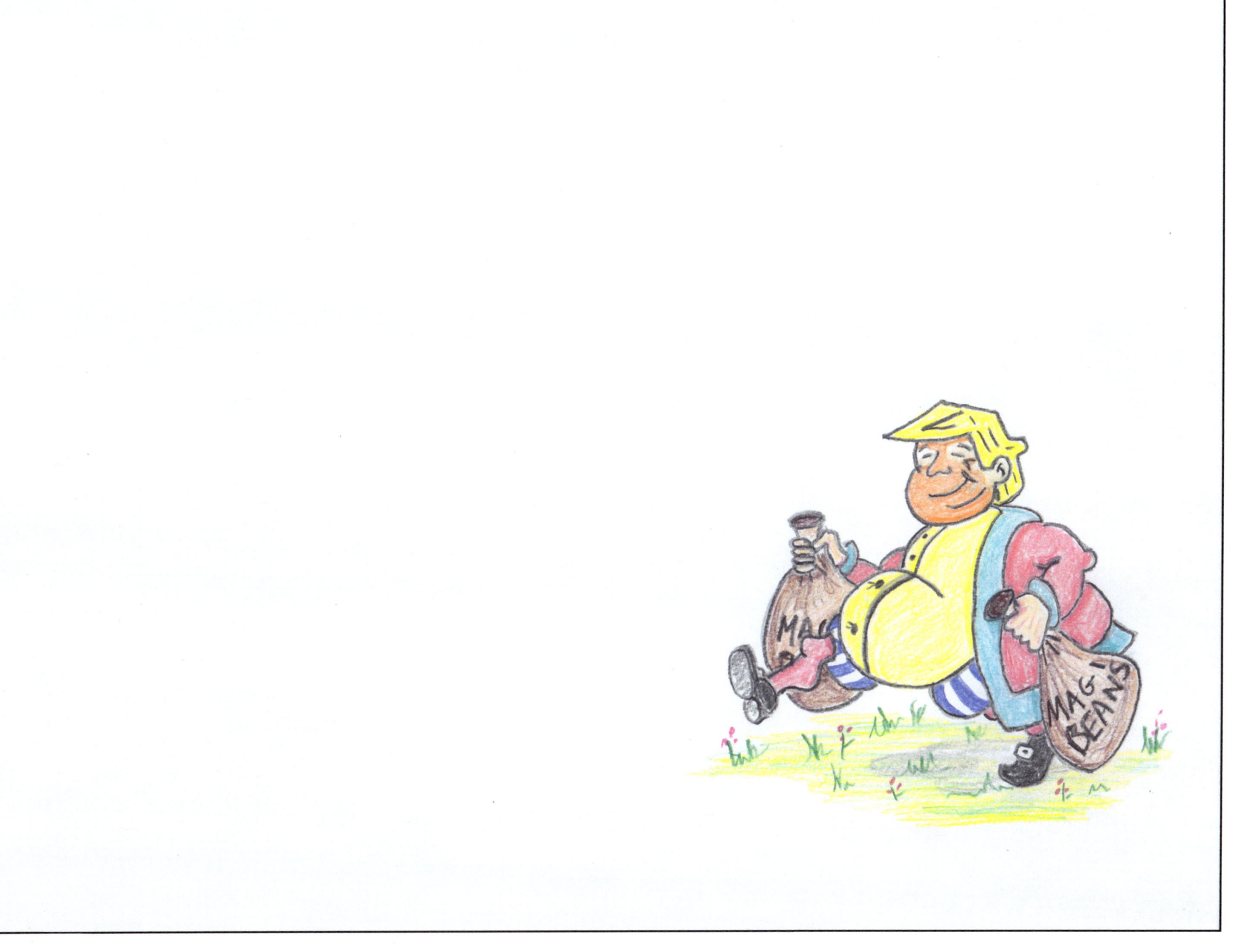

نبذة عن الكاتب

مارتن ترينور هو مؤلف ورسام -رغم أنه لم يكن بحاجة إلى قول ذلك، لأنه كتب جميع كتب ترامبلثينسكين.يحب القهوة والكعك كثيرا -لا يعيش في أي مكان أنيق ولكنه كتب كتابين رائعين آخرين: The Silver Mist وDARK CREED. كما كتب أيضًا عددًا كبيرًا من القصص القصيرة ... أوه، ورسم العديد من الأشياء الأخرى.

لا تنسوا أنه يحب الكعك!

المزيد على: www.MartinTreanor.COM يتم تمثيل مارتين ترينور بواسطة DRPZ™ [www.drpz.net]

ابحث عن "بطلنا" ذو البشرة الرقيقة في
ترامبلثينسكين و الساحر بونسبورز و
ترامبلثينسكين في أرض اليوكاي!

لمزيد من المعلومات حول هذا العبقري، يرجى زيارة:

TheTalesOfTrumplethinskin.com
MartinTreanor.com
ANiceCuppaTea.com
TrumpleTales@

TINY HANDS
PRESS

صائدوا الفئران
خدمة المواعدة للأشخاص المتقلبين

الاسم: ترامبلثينسكين (المحاولة الثالثة)
المهنة: عشقه اللانهائي للعرش وجمع حبات الفاصوليا السحرية
يحب: حبات الفاصوليا السحرية، العروش، المراحيض الذهبية والتحدث عن نفسه بصيغة الغائب.
يكره: الأشخاص الذين يلومون ترامبلثينسكين على الأشياء التي قام بها
أفضل جودة: عدم تحمل المسؤولية على أي شيء
أسوأ جودة: لا شيء -ترامبلثينسكين هو الأفضل في كل شيء
الطعام المفضل: لا تزال كعكة الشوكولاتة الجميلة بالتأكيد
الشيء المفضل: ترامبلثينسكين

الملف الشخصي:

هذه هي المرة الثالثة التي يقوم فيها ترامبلثينسكين بكتابة ملف الشخصي-ولا تزال محاولاته السابقة تنتظر على الأقل ردًا واحدًا. لكن من الواضح أن نخبة الدولة العميقة لا تريد أن يشارك ترامبلثينسكين شخصيته الرائعة مع العالم.

لا يزال يعيش في عالمه وسيصبح يومًا ما ملك العالم بالتأكيد. بطنه الممتلئ رائع ووجهه البرتقالي الجميل جذاب كالعادة.

تعال معي لنتضا.. -أي، أعني ترامبلثينسكين – وسأ... وسيظهر لك أفضل أقصر ثانية في حياتك-، وذلك بسبب ضغوط الاضطرار إلى التعامل مع نخبة الدولة الذين يعيشون فقط في عقل ترامبلثينسكين. ومع ذلك، مرة أخرى، لا يوجد الجان، أو العفاريت، أو الجنيات -كما أنا ... إيه، فإنه يعقد صفقات مراوغة مع هؤلاء فقط أوه، وبالتأكيد لا أحد يأكل الخضار أو الفاكهة. ترامبلثينسكين يكره الفاكهة.

www.ingramcontent.com/pod-product-compliance
Lightning Source LLC
Chambersburg PA
CBHW041149070526
44579CB00005B/59
9781989960424